大是文化

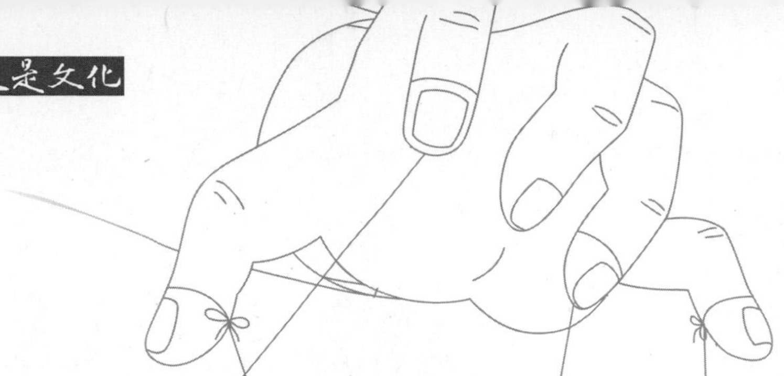

霸道者的利用說明書

那高高在上的樣子令人火大，我卻孬到不敢抱怨？
怎麼跟這些躲不掉的同事、親友、鄰居
和平相處，拿回主導權？

行為心理學研究家，從事人壽保險、婚禮顧問公司等
人才培育與顧問相關工作
井上由美 著 林佑純 譯

オレ様信長のトリセツ

| CONTENTS |

PART 3

霸道的另一半、兒女、婆婆的利用說明書

PART 4

朋友、戀人、鄰居的高壓，讓我喘不過氣 127

PART 5

當團隊裡有很多霸道者，怎麼化解 163

日本最知名的四位戰國武將

織田信長：在戰國時代，以威權奪取天下。擁有超群的領導力，邏輯思考敏銳。

豐臣秀吉：織田信長的心腹。個性積極、懂得掌握先機。

明智光秀：織田信長的家臣。性格冷靜、品味出眾，美學意識高的完美主義者。

德川家康：性格認真、忍耐力強，個性低調且內斂。

某公司
新來的信長部長，不知道是個什麼樣的人？
光秀
他跟前輩之前是同一個部門吧？
家康
他工作能力超強，而且非常有手腕。簡直就像戰國武將織田信長！
秀吉前輩
咦咦——！
真的假的？
只不過啊……要是惹信長部長生氣，可是會掉進十八層地獄的，你們可要小心了。
唰！
啊，信長部長！
彈起來

好久不見了，信長部長！還能有機會一起工作，實在令我感動至極！
汪
喔～是秀吉啊！你還是這麼機靈。
信長部長
那、那個，我叫做……光、光、光秀！
我、我……家康是也！
在說什麼啊？你們聲音太小了，我聽不見！
唉……自從信長部長轉調過來之後，每天都好累……。
就是說啊……為什麼信長部長對秀吉前輩那麼好，對我卻這麼凶？
腳步沉重
無精打采

光秀的家
嗶嗶嗶
5:00
真是的，一大清早的，誰啊？
那件案子，到底進行得怎麼樣了？
信長
我之前因為太忙，所以還沒交企劃書！
立刻驚醒
信長部長那麼重視禮儀，我得回得很周到才行……。

當天早上
呼~總算是在上班前寄出回信了，好險好險！
怒火中燒
喂！你給我過來一下！
打擊
為、為什麼？我已經仔細寫好回信，在上班之前寄出了啊……！
我以前每天都跟你一樣想哭。不過，在了解攻略信長部長的方法之後，會發現根本沒什麼好怕的！
加油嘿！
前輩！請務必傳授給我那個「信長攻略法」！
嗚嗚

推薦序一

日常相處不踩雷，成為自己有利的臂膀

品牌顧問、好感度教練／維琪（Vicky）

人生在世，一路上總是會遇到形形色色的人，人生就是不斷的相遇、分開，因此認識人、了解人，才能無所不能。但每個人都是獨立的個體，光從外表真的很難真正認識人，更遑論要與之相處、合作了！

有鑑於此，許多的人格分析就如雨後春筍般冒出來，而這本《霸道者的利用說明書》，也是這樣不可多得的好書。

這本書將有點難理解的氣質學分析（源於最早期古希臘的醫學理論認

為，人體是由四種體液構成：血液、黏液、黃膽汁和黑膽汁，並對應四種不同的氣質），用日本知名的戰國歷史人物比擬，而「霸道者」一聽，就知道是日本赫赫有名的織田信長了。

這樣的人有以下幾個特點：

1. 自帶氣場，主觀意識超強。
2. 精力充沛，總是在前方衝鋒陷陣，工作能力極強的理論強勢派。
3. 具備領導魅力、效率第一，曹操、郭台銘等都是很好的例子。

這樣的人在發揮好的一面時，會是很好的引導者和主事者，但當情緒來的時候，那易爆的怒火、不近人情的壓迫感又讓人難以招架。

作者井上由美是行為心理學研究家，也從事人才培育與顧問的相關工作，她在工作中發現，約有七成的日本人都屬於光秀或家康，而最具攻擊性的信長，則容易成為保守型的光秀和家康的天敵。至於臺灣，光秀或家康類型的人也占多數，因此，如何在日常相處中調頻不踩雷，進而讓這樣的人成為自己有利的臂膀就很重要了，這也是本書的重點。

我有一個具有信長性格的朋友，家裡有兩個高智商的小孩，她又是企業的高階主管，在外打拚時，還不時要照顧在學校惹麻煩的孩子，當她有空出來聚餐時，最常看到的畫面，是她吃到一半、突然就拿起電話和平板，開始視訊會議和公司聚焦或與客戶溝通，然後還要花心思看著自己的小孩不要搗亂；工作能力極強的她，帶領公司完成一個又一個專案，不僅是有著超過七萬粉絲的網紅，還是出書的作者，更是一位企業講師。

我想每個人身旁總是會遇到比較強勢的員工、主管或朋友，甚至可能是親戚、家人，或許大多數人都會選擇「逃避」吧？但逃得了一時，逃不了一世，作者透過本書，為最為普遍的光秀和家康類型，徹底分析在職場、家庭、人際關係中，各種信長的攻略法，並介紹一些馬上就能派上用場的小技巧。

比如我剛認識那位信長朋友時，真的感受到她自然散發出的強大氣場，但相處下來會發現，她其實個性海派重義氣、不拘小節，可以搞笑、可以互虧，更能言之有物、教學相長，現在再透過本書，更可以發現原來當初和霸道者的相處，正巧切合了書中所敘述的要點，可見這本人際工具書真的非常實用。

書中除了朋友圈外，對於在職場中的上下關係，或是家庭間的親友關係，都有許多範例可供參考，如果生活周遭剛好有這樣的霸道者信長型的人在，一定會看得心有戚戚焉。

《霸道者的利用說明書》不但有詳細分析四種氣質的檢測表，讓我們更能清楚知道自己的定位在哪裡，也針對信長和各種氣質的契合度有相關說明，而且一般很少提到的混合型氣質，本書都有介紹，畢竟我們都知道，人不是只有單一個性那麼簡單。

雖然信長表面看起來不好處理，不過只要能成功攻略信長，就天下無敵了。畢竟，成為敵人的信長雖然比誰都要棘手，但若是讓他成為己方，幾乎就能以一擋百。

透過此書，讓各位有機會從不知如何是好的人際關係中解放。誠如作者所說：「強勢、鴨霸的人，逃得了一時，逃不了一世，不如攻略他，讓他成為你最強的夥伴。」

推薦序二

讓看似可怕的未爆彈，成為絕佳的默契夥伴！

聲音表達講師／林依柔

人的一生，會隨著年紀增長，而擁有多重身分；也因為有著多重身分，而會遇到無數不同的人。最難的永遠不是做自己，而是要在怎麼和他人互動之下，令對方滿意。

在華人的世界很有趣，我們通常為了保持禮貌，都習慣保有做人留一線、日後好相見的風度，當遇到那種很強勢、霸道的人，就會想以和為貴，打圓場溝通，能不起衝突就不起衝突，殊不知這種氣勢凌人的強勢者，根本不甘示弱，也讀不出我們這種想要緩和氣氛的訊息，你越不和他正面迎擊，他們越燃起和你抗戰到底的戰鬥欲。

在我的著作《表達力決定你是誰》的全文核心，是將焦點放在「自己」，而非想要改變他人，也因如此，我在選擇交朋友的原則中，就會有意識的去選擇讓我相處起來舒服、能正向成長的人。因此像書中提到的這類霸道特質型的朋友，確實也是會讓我敬而遠之的對象。

「攻略」和「策略」是在本書中會不斷出現的關鍵字，也是讓我很好奇、想一探究竟的地方，遇到像信長氣質型的人，到底該怎麼與其相處，是不是真的有什麼方法，能更有智慧的和他們溝通互動。

本書藉由日本戰國武將信長、秀吉、光秀、家康的四型氣質，比擬遇到這些戰將型的高壓型人物，該怎麼與他們應對進退，不僅詳盡的列舉應用場景、更拆解了他們背後的思考邏輯，描繪生活當中的各種對話，藉此也對應我們在職場上的溝通方式、對主管能協調談判、使同事間的關係友好、讓部屬能服從指揮，甚至連兩性溝通、婆媳關係，都有很多面向的應用列舉，從而更能理解其實他們的霸道也不霸道，只是他們也有背後的思考邏輯原因。只要搞懂關係、弄清目的，面對霸道者的直球對決，也不再那麼措手不及。

你身邊也有常常令你不知如何應對的霸道者嗎？你覺得這些人只是愛抱怨、心眼小、情緒管理不當嗎？相信看完本書之後，你會對於這樣「戰鬥型」特質的人更會心一笑，甚至將他們的難相處，轉成自己生活中的助力。理解與尊重這類型的人，對方也會同樣尊重你，讓看似可怕的未爆彈，成為絕佳的默契夥伴！

前言

與其默默忍受，不如互相利用求進步

「身旁有個強勢的人在，每天都過得好辛苦！」、「那副高高在上的樣子，實在令人火大，可是我又孬到不敢抱怨……。」、「我跟那個人說話也很有禮貌了，為什麼要發脾氣啊……。」

不管是在公司或學校，家人、朋友、稍有一面之緣的人……你的周遭是否也曾出現像前面漫畫中「信長部長」般的人物？特別是在剛進公司或部門異動、新學期開始等，人際關係有大幅變動的時期，許多人都因為這類霸道型人物來找自己麻煩、職權騷擾、精神霸凌而煩惱。

這類唯我獨尊的麻煩人物，本書將統稱他們為「信長」（霸道者）。本書會提供超實用的應對技巧，幫助各位應對像信長一樣的強勢人物。書中將舉出具體範例，傳授祕訣給各位，讓這類人瞬間停止攻擊。

聽到利用說明書，可能有些人會覺得聽起來好像很難，不過，請放心！其實都只是一些像遊戲攻略那樣的小技巧而已。只要讀過本書，任誰都能輕鬆學到必殺技！

何謂攻略信長的必殺技？

有些人可能會疑惑：「攻略鴨霸信長的必殺技，具體來說是怎樣的技巧？」我就以剛才的漫畫為例，先來簡單說明一下。

光秀在收到信長部長一大早寄來的信件之後，就在上班前禮貌回信了對吧？但才剛到公司，就看到信長部長面目猙獰的對他怒吼。

信長部長到底為什麼那麼生氣？主要有兩個原因。

其一，光秀沒有使出立刻回信的必殺技。像信長部長這種工作幹練又急性子的主管，幾乎都是一大早就到公司，在上班時間之前，就已經確認過所有郵件，而且，在光秀早上寄出信件時，信長部長就已經煩躁破表，因此在上班時間前才匆匆回信就太慢了。

在收到信件之後三十分鐘以內立刻回覆，就是應對信長郵件時的正確必殺技。

「可是，回信時還是要注重禮貌，根本不可能立刻回啊……。」看到這裡，也許有人會這樣想。不過，這其實又是另一個可怕的思維陷阱。因為讓性急的信長看到有禮貌的回信內容，反而是火上加油。他希望看到的是：

1. 道歉與反省。

2. 當初的計畫和遲交的原因。

3. 什麼時候提交。

假如能簡明扼要的提出這三件事，並立即回信，就能最快平息信長的怒火。

這種時候，除了要禮貌的道歉、表達反省之意，要是再加上一句帶有提升面子意涵的話，像是「真是不好意思，（我能力不足）無法達成信長部長的期望」之類的，那就更完美了。

除此之外，還有許多攻略信長的必殺技。假如你不知道這些攻略法，並與信長對立，可能就得被迫背負不必要的業績壓力，或是從原本的團隊中被除名，遭受可怕的報復；相反的，憑藉攻略採取必要的行動，信長就將不再是具有威脅性、令你畏懼的天敵！

只要能攻略信長，你就天下無敵

本書介紹的攻略法，主要來自氣質學這項理論。

氣質學不是占卜學，而是將人類的氣質區分成四種類型（按：氣質學中四種類型的基礎，是出自古希臘醫聖希波克拉底〔Hippocrates〕所提倡的體液學說，以及德國包浩斯設計學校的色彩學家約翰尼斯·伊登〔Johannes Itten〕的色彩論主觀色彩特徵），對各自的行動特徵、適性進行診斷的分類方法。

本書將這四種類型，各自比擬為日本戰國武將的信長、秀吉、光秀、家康（參考 PART 1 第三節）。

所有人都有與生俱來的氣質類型。根據氣質學的統計，約有七成的日本人都屬於光秀或家康，而最具攻擊性的信長，容易成為保守型的光秀和家康的天敵。

本書為了最普遍的光秀和家康類型，將徹底分析在職場、家庭等人際關係中，各種信長的攻略法，並介紹一些馬上就能活用的小技巧。

看到這邊，有些人可能會疑惑：「有這麼容易成功嗎？」其實只要了解信長獨有的氣質再採取行動，絕對沒有你想像中的困難。只要能成功攻略信長，就天下無敵了。畢竟，成為敵人的信長雖然比誰都要棘手，但若是讓他成為己方，幾乎就能以一擋百。

只要能收服信長，就不用再害怕什麼霸凌跟職權騷擾，也能逐一改善人際關係的問題，生活會過得比現在還要愜意許多！

PART 1

一回頭，他們就站在你身邊

1 霸道氣質，不分男女老幼

說到日本歷史中唯我獨尊的信長，你會想到什麼樣的形象？

「會在大河劇中登場的戰國武將。」

「總是一臉洋洋得意，態度狂妄的當權者大叔？」

「像胖虎那種頭目角色吧。」

「體育場上那種狠勁十足的魔鬼教練？」

應該不少人對信長都是抱持這種陽剛的印象吧。當然，這樣的想法也沒有錯，但擁有信長特質的人，不一定都是男性。

你或許也已經察覺到了，有不少信長氣質的人，就潛伏在你周遭的「男女老幼」之中！

氣質會跟隨人一輩子

看到這裡，你的腦海中或許已經浮現「信長＝職權騷擾的主管」，或是「信長＝精神霸凌的丈夫」的形象，但那只是信長氣質的冰山一角。現實中，這類氣質的人會在不同地方，以各種形象作為掩護，出現在你身邊。

舉例來說，無論是喝著牛奶的可愛嬰兒、天真爛漫的小朋友、穿著制服的女高中生、一身套裝的應屆畢業生、知性颯爽的通勤ＯＬ、忙著養育小孩的年輕爸媽、全心投入工作的中年人、享受退休後生活的銀髮族，這些人群中總是會不時出現信長的蹤影。

在氣質學當中，所有人的氣質都是與生俱來的，擁有信長氣質的人，這輩子都不會改變原有的氣質。

在你的周遭，是否也有下頁中的小信長、信長同學、信長先生、信長小姐們呢？

在你身邊，其實有這～麼多霸道者

信長媽媽

信長兒子

信長鄰居

信長客人

信長主管

信長朋友

信長部屬

信長丈夫

信長男友

信長妻子

2 無論走到哪，都無法忽略他們的氣場

「我不要再跟那個老是高高在上的鴨霸信長打交道了！」即使下定決心，選擇換工作、轉學，甚至是搬家、離婚，都還是無法逃脫霸道信長的勢力範圍。

因為，信長這類型的人，在這個世界上依舊無所不在，即便逃脫到另一片新天地，那裡還是會有其他信長，等待著你的到來。

不過，請放心！即使逃不掉，還是能找出自己的生存之道。

最實際有效的方法，就是徹底了解信長的想法、會採取什麼樣的行

動，並事先擬定好應對措施。這是能與強勢者和睦相處的人，都在實行的重要步驟。

也就是說，攻略信長的第一步，就在於了解這位天敵的氣質，進一步準備好最佳的應對技巧。

只要深入理解，並採取適當的言語和行為，信長蠻橫不講理的攻擊，也會戛然而止，也比較不容易發生「為什麼信長對那個人那麼好，卻只對我這麼嚴厲」的情況。

「我自己是這樣想的（自我觀點），但具備信長氣質的人可能會這樣想（信長觀點）。既然是這樣的話，那就這樣做吧（攻略信長）。」時常站在信長的立場來思考、採取行動，他就絕不會將你視作眼中釘。

除了能避免與鴨霸的人發生衝突，或許還能將他的言行，誘導到你所期望的方向，使他成為你超強力的夥伴。

3 把最可怕的敵人，變成你最堅強的夥伴

徹底了解信長氣質的同時，也必須理解秀吉、光秀、家康這三種類型的氣質。透過第四十二頁檢測表找出自己的氣質類型，先了解自己屬於哪一類，才能進一步提升信長攻略法的精準度。

❶信長類型⬇重理論、攻擊性強

在戰國時代，織田信長以威勢奪取天下霸權。而這類型的人，其特徵是擁有卓越的領導能力，邏輯思考能力敏銳，且非常有自信；重道義又不

吝於提攜後輩，具備霸王般的氣質。

❷秀吉類型⬇重感情、攻擊性強

豐臣秀吉是信長的心腹，從足輕（按：日本平安時代到江戶時期的一種步兵）躍升至重臣之位，乃至於統一天下的出人頭地代表。

秀吉類型的人，性格積極，是個懂得掌握先機、老奸巨猾的機靈鬼。腦海裡總有用不完的點子，喜好享樂且悠遊自在。

❸光秀類型⬇重感情、防守性強

在信長的家臣當中，明智光秀的能力可說是數一數二，最終卻與天下失之交臂。

這類型的人，性格冷靜、品味出眾，是個對美學意識極高的完美主義者。雖然頭腦極聰明，可若是沒有受到他人的肯定，就會顯露出較為消極的偏執面。

❹家康類型⬇重理論、防守性強

德川家康在戰國時代雖無驚人作為，最終卻取得天下，建立了相對平穩的江戶時代。

這類型的人，凡事穩紮穩打，性格認真，忍耐力極強，總顯得低調內斂。雖然實在膽小，但為人處事比他人更加用心，是奉行安全第一的保守型和平主義者。

看看下一頁，檢測你的氣質類型！

檢測表

你是哪種類型的戰國武將？

請在以下項目中，勾選符合的選項☑（數量不拘）。☑最多的項目，就是你的類型。也可以試著回想職場上的同事、家人、朋友、戀人經常出現的特徵，並利用這張檢測表，找出對方屬於何種類型。

A

□文靜、動作偏慢。

□喜歡按照別人說的話做事。

□平時不喜歡太搶眼。

□固執，不太容易通融。

□抗壓性偏低。

□比起說話，更喜歡傾聽。

B

□完美主義。

□富藝術品味，穿著打扮時尚。
□容易出現消極、負面的發言。
□一旦心情不好，馬上就會顯露在臉上。
□與其和一群人一起，比較喜歡一個人。
□喜歡別人幫自己做事。

C

□覺得自己跟其他人不一樣也沒關係。
□有時會忘記跟別人的約定。
□就算沮喪，也能馬上恢復。
□喜歡色彩繽紛、流行的事物。

□很重視談話的氛圍。
□對事物熱得快，冷得也快。

D

□看到有煩惱的人就想幫助他。
□不在乎流行時尚。
□喜歡一股傻勁的老實人。
□重視流程規畫。
□擅長需要動腦的遊戲。
□只要有目標，就會努力。

信長、秀吉、光秀、家康

—— 診斷結果！——

Ⓐ～Ⓓ當中，☑合計最多的項目，就是你的氣質類型。

A 最多的人

→ **家康** 類型

p.48～p.49

B 最多的人

→ **光秀** 類型

p.50～p.51

C 最多的人

→ **秀吉** 類型

p.52～p.53

D 最多的人

→ **信長** 類型

p.54～p.55

每個類型的正反面

所有人都具備數種氣質，不過，在診斷表中出現最多特徵的類型，就是那個人的代表氣質。越傾向單一類型的特徵，那份氣質給人的感覺就會越強烈。

舉例來說，假如在D項目勾選最多，就代表那個人的信長氣質特別明顯。當兩個或以上的類型數量相同，就代表同時擁有部分來自信長、秀吉、光秀、家康的氣質。

但無論是哪種類型，都會有好的一面跟壞的一面，同樣是信長氣質，也會依狀況不同，出現好的一面（白信長），或是壞的一面（黑信長）。

接下來，就讓我們來了解四種不同類型的黑白面吧。

白家康

低調卻深藏不露的資優生

重視人際關係，
擅長從旁提供協助。

性情溫和穩重

不會掀起爭端的和平主義者

耿直的理性主義者

十分遵守約定

勤奮踏實，行事認真

忍耐力強

準備周到的慎重派。

行事保守，

缺乏變化

膽小鬼

黑家康

過度重視周遭氛圍的膽小鬼

嚴謹而固執

一不開心就會沉默

擅長複製貼上，
缺乏創新。

自保優先　別人說話，左耳進右耳出。

極力迴避風險

白光秀

獨具美學意識的
完美人物

外型時尚，
身段優雅。

理想崇高的
完美主義者

品味超群

行事仔細且深具才能

冷靜而優雅

思慮縝密　默默努力型。

黑光秀

超消極、負面

口頭禪是
「可是」、「不過」，
外表看起來不夠好，
馬上出局！

自命不凡

自我意識過剩

情緒立刻展現在臉上

愛操心又悲觀

懷抱理想卻不會實際行動

抗壓性極低

沒有受到肯定，
就容易出現偏執行為。

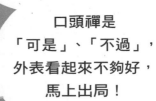

白秀吉

樂天派點子王

具備傑出的構思能力、
天馬行空的原創性！

幽默感爆表

伶牙俐齒

天真爛漫

處事機敏

好奇心十分旺盛

不太在意上下關係。

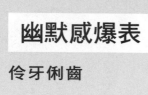

擅長拍馬屁的機靈鬼

容易忘記跟別人的約定

黑秀吉

自我中心
又缺乏定性

喜怒哀樂反覆無常

主張愛與和平的派對咖

說話跟做事
說變就變，
像個過得自由的
小鬼頭。

言行隨心所欲

毫無一致性　缺乏計畫、走一步算一步。

白信長

工作能力極強的
理論強勢派

天生自帶老大氣質、
十分值得依賴，
最喜歡的詞是
「第一名」。

深具領導者
魅力

超凡的決斷力
與執行力

重視人情義理

不畏挑戰

俐落幹練，
精力充沛 極具責任感。

黑信長

唯我獨尊的
傲慢大爺

高高在上的
頭目角色
給人十足壓迫感

一旦招惹他，有仇必報

性子急又強勢

不聽他的話
就會被徹底針對。

冷酷無情的
擊潰敵人

愛管閒事的支配者。

信長其實最容易攻略

了解四種類型的黑白兩面之後，對他們的看法，是不是有很大的改變呢？

「一樣是信長，黑信長跟白信長根本就是不同人！」、「雖然不太擅長面對黑信長，但白信長或許就沒那麼難相處。」、「要是黑信長能全部變成白信長就好了……。」

假如你有這種感覺，那就表示你已經準備好要學習信長攻略法了，因為信長的攻略法，簡單來說就是將黑信長，轉變為白信長。

「可是，把黑信長變成白信長有這麼容易嗎？」、「我之前都過得那麼辛苦了，不可能突然說變就變吧……。」有些人看到這裡，可能還是會感到不安，不過請別擔心。

信長氣質的人非常重視邏輯和合理性，所以只要符合他獨特的行事風格，實際上是最容易攻略的。

就算不擅長面對黑信長，只要知道如何引出白信長就行了，你會感覺比現在更輕鬆愉快，就像黑白棋的旗子，從黑色一口氣翻轉成白色一樣，你的人生也有可能出現戲劇性的變化。

把最可怕的敵人，變成你最強的夥伴

假如信長、秀吉、光秀、家康這四種類型的人打起架來，信長一定會獲得壓倒性的勝利。

在這四種類型當中，與具備最強攻擊性的信長為敵，是毫無勝算的，但反過來說，只要能讓信長站在己方，就等於獲得了以一擋百的助力，所以你根本沒有必要對抗他，而是要想辦法讓他成為你的夥伴。

在第二章到第四章中，將以職場、家庭、身邊交友關係中，與各種信長的實際衝突為例，傳授將黑信長，轉變為白信長的具體攻略法。這些全都是能立即實踐的技巧，請務必在學起來之後，應用在你身邊的霸道者身上！

PART 2

同事、部屬、公司新人都可能是

在第二章中，將介紹在職場上攻略信長的方法。

提到職場上的強勢者，大多數人的腦海中，可能會浮現充滿壓迫感的獨裁社長，或是動不動就職權騷擾的部長，不過，主管不一定是職場上的鴨霸信長。

和你一起同期進入公司的同事、乍看之下未經世故的新進職員，事實上都很有可能是鴨霸信長。熟識已久的客戶、來店消費的客人，也都是潛力股。

無關乎年齡或性別，職場各處都潛藏著鴨霸信長的身影。

無論是主管、同事、部屬或是客戶，在應對職場上的鴨霸信長時，都需要特別謹慎小心，若是因為一時疏忽，而與他為敵，對方很可能會毫不留情的試圖摧毀你，最糟糕的情況，則是你在職場上原有的立場和地位會不保。

具備領導能力的信長，很可能會逐漸爬升到握有一定程度的權力或地位，所以絕不能小看擁有這類氣質的部屬或新人。

在職場上，什麼原因會讓他們突然轉變成黑信長？該怎麼做，才能將黑信長變成白信長？接下來即將講述的，就是從主管到同事、部屬、客戶等各式不同類型的信長攻略法。

在職場中可能遇到的各種狀況下，詳細解說「成功攻略信長的重點」、「怎麼樣會踩到他的地雷」、「只要這樣做就沒問題」等具體技巧。這裡介紹到的技巧，也可以將主管替換成學校的老師或前輩等，活用在你周遭的強勢者身上。

1 他們的直覺比任何人都來得敏銳

重要的開會日，光秀卻不小心睡過頭！偏偏惹到的是發起脾氣來，比任何人都要恐怖的信長部長。

「要是一有個閃失，以後的日子可就辛苦了……。」光秀不敢直接承認睡過頭，便謊稱得了流感。

「假如說是得了流感，遲到就是因為不可抗力，就算是信長部長，也不至於對病人發火吧。」光秀如此盤算著，就傳 LINE 告知信長部長自己生病了。

之後，戰戰兢兢回到公司上班的光秀，面對的卻是橫眉怒目的信長部長！

光秀究竟是怎麼搞砸的？

錯誤做法

說謊蒙混過去！

信長部長生氣的點，不是因為光秀透過 LINE 來報告病情，而是在看到光秀的社群網站之後，發現他得流感這件事根本就是謊話。

部屬簡單告知要請病假，生性多疑的信長絕對不會就此相信，他不僅會檢查你在社群網站上的發文，還可能會跑去看你家人、親戚的貼文，尋找相關證據，或是不在場證明，甚至要求你事後提交診斷證明書，即使你想動些手腳蒙混過去，也會立刻被洞察力過人的信長給發現。

重視人情義理的信長主管，比任何人都厭惡背叛這件事。因此，一旦謊言被戳穿，未來等待著你的，將可能是業績壓力加倍、降職、裁員等報復性的懲戒。

正確解答

誠實告知，鄭重道歉

假如睡過頭遲到，就誠實告知睡過頭。傳達事實這個步驟，就是攻略信長的基礎。

接下來鄭重其事的道歉，再表達為什麼會睡過頭、自己是如何反省、今後會怎麼避免，這些重點一定要同時讓信長知道。

用上這套誠實五步驟攻略之後，信長主管的怒氣也會立刻煙消雲散。

比起滿嘴謊言、愛耍小聰明的人，信長更欣賞大智若愚、性格坦率的人，若是能讓他心生「我得好好磨練這個傻瓜才行」的想法，有時反而會得到更多的照顧與機會。

完美攻略

即使犯錯仍能深獲對方賞識

「我母親突然病倒了。」、「家人最近遭逢意外……。」當在重要的日子遲到時，有些人不會裝病，而是藉口自己突然收到家人、親戚住院，甚至是過世的消息，不過，這些藉口可無法輕易騙過信長主管。

「你母親還好嗎？是生了什麼病？我也想去探望一下打聲招呼，是在哪家醫院？」、「是你的哪位家人？我也想送上奠儀以表慰問，告訴我告別式的地點吧？」他會像質問嫌犯的老練刑警一樣，打破砂鍋問到底。

假如這時候選擇以謊圓謊，信長就會進一步詳細確認真相，這反而讓自己逐漸被逼迫到無路可逃的境地。

其實，強勢者的直覺比一般人還要來得敏銳，有時就算一開始覺得「好可疑」，也會在掌握到確切證據之前，故意裝作不知情或不在意。

在這種情況下，如果你還拚命的說謊，信長肯定會在心裡怒罵：「還真敢把本大爺當猴兒耍啊！不可饒恕！」所以就算遲到，也不需要多找藉口，直接坦誠相告會是最好的選擇。

霸道者利用法

NG

「我母親突然病倒了」，「我得了流感」，以家人或生病為藉口欺騙。

OK

向信長坦白，再告知原因、如何反省、下次如何避免。

2 送禮給這種人，挑最有名氣的就對了

女信長是光秀的直屬主管。

「唉，白色情人節該怎麼辦才好呢？信長課長在情人節時，送了歌帝梵（GODIVA）的高級巧克力給所有部屬，所以這次也得送個還不錯的牌子當作回禮才行啊……。」

同時，光秀也聽說同事家康

已經準備好知名品牌的巧克力當回禮。

不過，品味一向出眾的光秀聽到這個消息，只是在內心竊笑：「我怎麼可能去買那種名牌貨，真是俗不可耐！」

光秀花了不少時間，搜尋百貨公司和時尚甜點店，最後選了一個行家才知道、由新銳甜點師創作出的甜點，「這個外型看起來特別美，或許還可以向信長課長展現出我優秀的個人品味！」

到了白色情人節當天，光秀說：「這個就算在巴黎，也是只有行家才知道的店家，這是他們新推出的精緻甜點。」並向信長課長遞出了禮盒。沒想到課長的臉色，一瞬間看來有些不悅……。

好不容易送出了精心準備的禮物，到底是哪一點，惹得信長課長不高興了？

錯誤做法 自我賣弄，就會踩地雷

信長課長之所以不悅，是因為光秀在送禮時，特別強調這是行家才知道的店，這句話點燃了信長課長性格中不服輸的部分，讓她覺得：「喔？但我就是不知道啊！」

思想開放的信長，對於新事物的接受程度通常相當高，但在任何事情上，自己必須是第一名。

因此，只要稍微有人表現出「這方面我比誰都清楚」，說出近似於賣弄的話語，信長就會沒來由的心生不悅、產生敵對心理：「這傢伙，眼裡還有規矩嗎！」

一旦被信長認定為狂妄自大的人，之後很有可能遭受到無情的打壓。

正確解答 選最高級的就對了

挑選送給霸道者的禮物，重點要放在選擇誰都知道的一流名牌，並從中挑選最高級的那一個。

只要這麼做，他就會滿心愉悅的覺得：「很好很好，看來你相當敬重我啊，真是個可愛的傢伙。」

信長其實不太懂真正的美食，也欠缺時尚品味，即使費盡心思送他們美味或品味出眾的精緻禮物，信長也體會不到其中的價值。想送禮物給信長主管時，與其靠美食或品味，倒不如直接選擇一流或最高級的禮物，更能輕鬆獲得信長歡心。

完美攻略

與其送花，不如送禮券

信長是典型的理性主義者，假如送了缺乏功能性，單純只有裝飾價值的高級禮物，他們可能會心想：「竟然送這麼不實用的東西，這傢伙也太不機靈了吧。」

其中需要特別留意的，就是送花。在主管榮升或轉調單位時，不少人會選擇以花束來送別，並表達祝福之意。你可能會想說：「送花看起來既豪華，也有錦上添花的含義，信長應該會喜歡吧？」

不過，對信長這位理性主義者來說，遲早會枯萎且必須丟掉的花，無論看起來有多華美，都跟垃圾沒兩樣，即便是女性也一樣。

他們雖然會當場道謝收下，但應該還是會在心裡吐槽：「送這堆遲早會變垃圾的鮮花給我，這傢伙不太行啊。」他可能一離開公司，就會馬上把花束丟進垃圾桶，或是主動詢問別人：「你要不要這個？」三兩下就把花送出去。

把訂購花束的錢，換成禮卷贈送出去的話，更能讓霸道者覺得你是個可用之才。

挑選送給霸道者的禮物時，原則在於捨華求實。

\ 霸道者利用法 /

NG

在他面前說：「這是只有行家才知道的唷！」

OK

送知名品牌中最高級的禮物，或是禮券。

3 在霸道者眼中，沒有團隊合作這四個字

這次的簡報，我們一起加油吧！
耶～♪
那秀吉負責出點子，家康確認相關資料，光秀就負責上臺簡報吧。
咦，可是我比較想訂定計畫……。
那就都交給你做，我會負責收尾！
明明是同事，怎麼一副自己是老大的模樣？
簡報當天
好的，重點在這裡！這樣做或那樣做都沒有問題！
咦、咦！真的假的啊，信長那傢伙……。
太棒了！
完全沒聽說你要講那些啊！
跟原訂計畫完全不一樣！
嗚嗚……
為了求勝，那點小事哪難得倒我！

信長、秀吉、光秀、家康等四人團隊，即將負責某場重要簡報。

信長立刻開始分配工作，雖然大家都是同事，他卻擺出一副盛氣凌人的架勢。雖然同事們對信長的工作分配略感不滿，仍發揮團隊精神，分工準備簡報內容。他們做足萬全的準備，終於，來到了簡報當天。

壓軸登場的信長，竟然將大家精心歸納的簡報內容，現場補充了不少自己想說的話，大放厥詞。

眼見這樣嘩眾取寵的言行，同事們都感到萬分惱火。

到底要怎麼做，才不會被這種霸道同事耍得團團轉？

錯誤做法　一起合作？別鬧了！

強勢者將自己視為最優秀的人，因此同隊的同事對他而言，都是表現比自己差的人，再說了，信長的字典裡，根本就沒有團隊合作這個詞。

在他的觀念當中，組織就是縱向社會的代表。

即使所有人都朝同一個目標來準備簡報內容，但他心裡想的依然是：「我是最頂尖的，其他人都只是我手中的棋子。」

當你想著「讓我們互助合作，一起團結努力吧」的時候，信長早已用最快的速度，掌握團隊中的主導權，因此你只能落得被當棋子使喚的下場，最後還被要得團團轉。

正確解答

告訴他，自己最擅長什麼

與信長團隊合作時，祕訣在於，主動提出自己想負責的工作範圍，這樣也能有效避免他硬丟其他麻煩的工作給你。

「在這些項目當中，我『最擅長』這個，這部分的工作，可以交給我來負責嗎？」

重點在於，主動爭取時，加入「最擅長」這個詞，來詢問信長的意見。因為，總是喜歡當第一的信長，很容易就會被最擅長這個詞打中。他應該會爽快的答應：「既然你都這樣說了，那就交給你吧！」

霸道者做起事來十分重視效率，自然比較欣賞會積極表達協助意願的人，而不是過度重視合作氣氛，客氣的互相推託。

完美攻略 站在「友軍」角度，提出反對意見

當必須與強勢者一同推動專案等工作時，需要先了解計畫（Plan）、實行（Do）、評價（Check）、改善（Action）這個過程。其中，強勢者

最擅長的就是改善。

在分配職務的時候，如果讓霸道者在最後出場，他必定十分樂意接受這個安排。

不過，追求創新的信長，有時會在最後總結的時候，提出讓組員啞口無言的改革案，令人不禁懷疑：「這樣我們整個團隊，之前做的一切到底算什麼？」

此外，他們也可能在簡報時脫序演出。

四種類型中最為好勝的信長，通常對自己的言行充滿信心，假如隨口向他抱怨，就會被認定成是阻礙眾人獲勝的害群之馬。

這麼一來，很容易就會遭到信長排擠，甚至就此被逐出專案小組，而且，足智多謀的信長會使出小手段，設法讓對方在團體裡待不下去，最後萌生退意。

為了避免這樣的情況發生，即使是同事，也要避免直接向信長提出反對的意見。

假如你反對信長的意見，只要主動表示：「為了讓信長提出的意見更加可行，我提議以下的優化方案。」**重點在於，站在信長「友軍」的角度來提出建議**。

在向信長同事提出自己的意見時，請務必活用以上的友軍原則。

霸道者利用法

OK	NG
我最擅長這部分，可以交給我來負責嗎？	讓我們互助合作，一起團結努力吧！

4 給一個有挑戰性的目標，部屬會霸道完成

公司來了信長和家康兩位新進員工。

光秀課長將列印出來的客戶資料交給兩人，請他們輸入電腦建檔。

家康順從的接過書面資料，開始默默的輸入客戶資料。

但是，信長在看到客戶資料

之後，就展開了連珠炮式的提問，「要我輸入這個嗎？可是輸入同樣的資料有意義嗎？難道就沒有原本的檔案？」

「嘖，新人還敢這麼猖狂啊……！」光秀課長內心雖然念念有詞，還是重複了一次指令，「原本的檔案已經找不到了，所以想請你們重新輸入一次。」

聽到這句話，信長的反應更大了，「那麼，想辦法找出原本的檔案不是比較快嗎？還是讓我來找呢？課長的電腦可以借我用一下嗎？是那一臺對吧？」

「照我說的去做就對了！」光秀課長煩躁的加重了語氣，信長見狀瞅了他一眼，才開始輸入手上的資料，之後連午餐都沒去吃，以最快的速度完成工作，一臉得意的向光秀課長回報。

雖然工作能力確實很不錯，但到底該如何跟猖狂的信長部屬好好相處呢？

錯誤做法　只會下命令，就會被對方認定成無能主管

霸道者的自尊心特別強，又相當有自信，所以要是被分配到誰都能處理的單純工作，即使只是個新人，也會狂傲的想：「這不是我該做的事！」因而產生反抗心理。

由於霸道者是個討厭白費努力的理性主義者，因此即使收到主管的命令，也會大膽提出更有效率的方法。

假如主管聽到這些提議之後，仍然不容分說的表示：「照我說的去做就好！」就會成為他眼中的無能主管。

一旦被好勝心極強的信長部屬認定成無能主管，從此就會被他視作對

手，未來逮到機會，甚至還會扯主管的後腿，可說是相當麻煩的人物。

正確解答

標準設得越高，越能激發他的鬥志

只要信長部屬的目標夠明確，他會比誰都還要努力。

舉例來說，就算只是輸入資料或影印等單純的工作，只要對信長表示：「這份資料對我們擬定銷售策略很有幫助，或許還能有效提升營業額。」他就會願意付出比別人更多的努力，以最快速度達成任務。

因此，對霸道部屬**明確傳達工作的「目標」和「原因」**，**通常能有效提升他們的工作效率**。

此外，這類人具有強烈的責任感，以及領導者氣質，無論再怎麼不起眼的工作，只要賦予他「負責人」的頭銜，信長就會燃起鬥志，把工作做到好。

也因為霸道者對自己非常有自信，與其交辦簡單的工作給他，不如分派責任比較重大，或是必須達到一定標準的工作，反而能讓他們更投入。**重點在於交辦工作時，可以要求信長達到比較困難的標準，並且從旁安靜守候。**

完美攻略 多給期待，少下命令

即使部屬是個新人，一但對於具有領導者氣質的信長來說，主管全都是向上晉升之路的墊腳石。

假如因為對方只是部屬，就用高高在上的態度對待他，信長部屬很可能就會萌生敵對心，暗自心想：「這傢伙，總有一天我要把他給踢下去，自己上位！」

信長類型的部屬，工作能力十分優秀，就算現在只是你的部屬，未來也很有可能獲得提拔，成為你的主管。為了避免到那個時候，成為信長復仇的對象，最好在信長還是你的部屬時，**適時的對他表達尊重**。

要是信長部屬認為就算繼續待下去，也不會有出人頭地的機會，即使只是個新人，他也會毫不猶豫的向你遞交辭呈。

如果想馴服霸道部屬，就要避免使用命令的口吻來對話，**可以嘗試以提問的方式**，重點在於讓對方有更多的應答空間。

在表達「期待你有好表現」時，也可以改成比較尊重對方的說法：「我能對你有所期待嗎？」這樣信長或許會拿出更多的衝勁，心裡覺得：「為了這位主管，我要好好加油！」

想馴服信長部屬，就要大膽設下有挑戰性的目標，以激發他的鬥志。

\ 霸道者利用法 /

OK

「這個資料對我們擬定銷售策略很有幫助，或許還能提升營業額。」

NG

「照我說的去做就對了！」

5 這種客人，不想要你的專業建議

有位信長客人前來百貨公司買鞋子。

她在尋找實用款黑色低跟鞋，一進店，就詢問店員自己想要的商品放在哪裡。愛好時尚的光秀店員，發現信長客人腳上穿的是同類型的黑色低跟鞋，於是就主動推薦了今年最流行的彩色高跟鞋。

但是，信長客人對光秀店員推薦的鞋子絲毫不感興趣，一臉不悅的步出店門口。

光秀店員是自己也覺得不錯，才把現在最流行的商品推薦給信長客人的……為什麼就是沒辦法打動信長客人的心呢？

錯誤做法　不讓他掌握主導權，就別想讓他掏錢包

信長氣質的人會希望隨時握有主導權，因此，就算是第一次去的店

家，假如有店員主動積極推銷，光是這樣就會讓他們很不悅。

強勢型客人購物的目標通常相當明確，也不太會衝動購物，所以即使店員積極推銷，也經常遭到忽視。而且，如果想靠流行外觀來吸引重視實用度的信長，那可就是白費努力了。

無論再怎麼優秀的店員，也會因為這樣，被信長客人認定為不了解客戶需求的愚蠢店員，進而越來越無法吸引他們的注意力，甚至就此不願再度光臨。

正確解答

以不開口干預為原則

當霸道客人出現，店員只要扮演好侍從的角色，在被呼喚之前，都先站在一旁待命，不隨便開口干預。

假如是由霸道客人主動向店員提出「想找一雙黑鞋」，只需要進一步確認他的使用需求，例如：「您是什麼場合要穿的？」就會被他認定成優秀店員。

要是能藉此掌握信長客人的需求和使用目的，並且簡潔有力的以「高性能」與「高級感」為重點來推薦，有時他甚至會無視價格，一次購買不同顏色的同款商品。

極為重視人情義理的霸道者，很可能會因為賞識某家店的店員而回購，或是介紹其他客人前來消費，成為店裡的重要主顧。

完美攻略 只要擄獲他的心，他就甘心花大錢

要分辨是否是信長客人很容易。儀表端正、落落大方，身著高級品卻

又顯得有些土氣的客人，通常就是信長客人。只要能合他的意，無論是高價商品、大量收購，或是時常回購，對他來說都是小菜一碟，具備成為重要主顧的龐大潛力，請務必把握這個絕佳商機！

霸道者利用法

NG

「今年很流行紅色跟紫色喔！」

OK

在他詢問你時，進一步問他：「請問是什麼場合要穿的呢？」

PART 3

霸道的另一半、兒女、婆婆的利用說明書

在第三章，我們要介紹家庭中的鴨霸信長攻略法。

不論是聰明又值得依靠的丈夫、還是乾淨俐落處理家務的妻子、或是惹人憐愛的小孩、慷慨大方的婆婆，其本質都很有可能是兇悍強勢的霸道信長！

就像在職場上遇到的信長一樣，千萬不要被他們的年齡，或是性別給迷惑了。

不過，在家庭中遇到的霸道者，相較之下距離不僅縮短了不少，還牽扯到了親情，所以跟職場的有些許不同。

對家人的愛越深厚，就越棘手

為什麼說對家人的愛越深厚，就越棘手呢？這是因為家庭中的信長們，即便黑化變成了冷酷的黑信長，他們也無法輕易捨棄自己的家人。

不過，對於最痛恨有人碎碎念，或是指手畫腳的信長來說，如果仗著「因為我們是家人」而過分囉嗦的話，他們也有可能瞬間黑化，然後頭也不回的切斷彼此的關係。

基本上，信長非常會照顧人，也重視人情義理，跟家人的感情越深，就越愛管閒事。而採取什麼方式，來應對家庭信長所特有的愛管閒事，將會決定他們會成為黑信長，還是白信長的至要關鍵。

接下來，會分別提出針對霸道丈夫、妻子、兒子、婆婆的攻略方法。正因為我們每天都會和家人見面，所以弄清楚正確的攻略法便十分重要。

「老公完全沒在聽我說話！」、「老婆一天到晚愛管閒事，真的煩死了！」、「孩子完全看不起自己的父母，真令人困擾……。」相信這些與家中信長相處的煩惱，攻略法都能幫得上忙。

1 事先安排一切，卻像是由他掌控

妻子對著每天都很晚回到家的信長丈夫說：「我說啊，你為什麼這麼晚回家？至少也聯絡我一下呀！」妻子因為太擔心，不小心語帶責備。

結果，信長丈夫整個一臉不耐煩、毫不客氣的對妻子說：「又講一樣的話？妳饒了我吧，

之前不是跟妳說過了嗎？我到三月底結算之前都要加班，所以暫時會比較晚回家啊。」

「可是星期天刮颱風你也不在家，我也想跟你說打工時遇到的事情啊……。」妻子彷彿像是終於逮到機會不吐不快，開始接連不停的向丈夫抱怨。

「啥？颱風？打工？這些事跟我加班有什麼關係？」信長丈夫完全不打算搭理妻子。

「怎麼會沒關係！而且今天早上也是，要丟垃圾的時候……。」信長丈夫完全無視打算繼續抱怨的妻子，直接進入關機狀態。

為什麼信長丈夫完全不打算好好聆聽妻子說話呢？

錯誤做法　瘋狂倒苦水，馬上出局

妻子絕對不能向霸道丈夫做出以下三點：

1. 不斷重複相同的問題。
2. 無止境的抱怨。
3. 沒有事先組織好想表達的事情。

一旦犯了這些錯誤，立馬就會被判出局！

霸道丈夫覺得，即便傾聽了不及格妻子滿是抱怨又沒有邏輯的話，也只是越聽越火大，完全沒有效率，因此盡可能想要避免與其對話。

如果霸道丈夫對不及格妻子的忍耐到極限之後，就會漸漸變得不愛回家，一天到晚在外頭過夜，不久後就會外遇，最終甚至有可能導致分居、離婚這種最糟的結果。

正確解答　寫下煩惱，再一條一條說

當累積了滿肚子委屈、想跟信長丈夫訴說的時候，不妨這樣說：「我知道你今天會晚回家，不過如果可以跟我聯絡一下，我會比較安心。比如像颱風天的時候，我很不安，希望你能陪在我身邊，如果你有時間的話，希望你能聽聽我在打工上遇到的困擾。之後也希望你能幫忙丟垃圾。」**先試著寫出來整理在紙上，照順序一條一條說吧**。

說話時的重點是語氣，不要用責備的語氣，而是用商量的語氣說。

「這件事讓我十分困擾，你覺得要怎麼做比較好？」用這種商量的方式傳達的話，想必最喜歡教導他人的信長，肯定會非常樂意和你討論。

霸道者既擅長照顧人，又是戰略家，肯定可以傳授絕妙的計策給妻子，或是在身後保護妻子。

完美攻略　將自己想要的東西整理好，給丈夫選

雖然信長丈夫樂於接受妻子和自己商量，但他們本質上還是很強勢的，就連家中的事情也傾向於專斷獨行。

例如，和家人一起去買家具，他們也會說「這尺寸剛好，就決定是這個了！」像這樣堅持己見。就算跟他說「我們再看看別家店吧」，他也完全聽不進去。

因為霸道者討厭麻煩事，覺得做事就要乾脆俐落，與其看東看西、煩

惱來煩惱去，所有事情都應該果斷下決定，所以跟信長丈夫買東西的時候，妻子要事先找好想去的店家、蒐集好目錄、選好自己喜歡的商品，並將商品照片或規格給信長丈夫看，並讓他選擇「這三個商品之中，哪個比較好？」

如果是這種方法的話，第一，省下信長去買東西的時間；第二，妻子很給信長面子，會一起商量；第三，可以依照信長的意見決定。這些鴨霸滿足套餐，會使得他們龍心大悅。

從妻子的角度來看，不論最後信長丈夫選擇了哪個，都能購入自己喜歡的東西，可說是雙贏的局面。

霸道者利用法

OK

將商品整理好後問他：「這三個商品中哪個比較好？」

NG

「為什麼這麼晚回家？至少聯絡我一下呀！」

2 給一個為何要這樣做的理由，她會聽你的

信長妻子不論是做家事還是在工作上，都幹勁十足、十分可靠。雖然凡事保持整潔有序是一件好事，但她實在太好管閒事，只要丈夫把環境弄得稍微凌亂一點，她就會擅自收拾。

「妳不要多管閒事啦！」即便丈夫如是抱怨，信長妻子反而會惱羞成怒，反過來責怪對方，「還不都是因為你把東西弄丟！不然你以為是託誰的福，我們家才能一直保持乾淨整潔的呀！」面對如此好管閒事的信長妻子，到底該怎麼做，才能讓她不要擅自處理事情呢？

錯誤做法

跟她抱怨：「不要幫我收拾漫畫。」

信長妻子之所以如此好管閒事的東整理、西整理，唯一目的就是要將房間打掃乾淨。

無論那些東西對丈夫來說有多重要，都與信長妻子無關。不如說，只要是任何妨礙她達成目標的存在，在她眼裡都是障礙物。

哪怕是讀到一半的漫畫、吃到一半的洋芋片，都會被霸道妻子毫不留情的一掃而光。如果向她抱怨的話，反而會被駁斥，並受到嚴厲的教訓。

如果像這樣過度阻饒、持續拖累信長妻子的話，丈夫也會被她當作障礙物，如同垃圾般被丟棄。

正確解答

跟她說：「我今天會吃完。」

如果你真的不希望信長妻子把你的寶貝收起來的話，那就試著**不要感情用事的抱怨，而是提出明確的條件來與她交涉**。

「今晚我想將這本漫畫的後續看完，也想把洋芋片留著當消夜吃，所以希望妳先不要動，晚上我會全部整理乾淨的。」只要像這樣提出將何事、到何時之前、如何做的條件，如此一來，信長妻子也不會焦躁的想，「你到底什麼時候才要打掃啊！」

由於信長妻子非常理性，所以她會爽快答應：「我知道了。到明天為止，我都不會去碰它們。」即使再雜亂無章，也會被當作特區而容忍。

完美攻略 提出明確的計畫

好管閒事的霸道妻子，不僅是日常生活，就連丈夫的人生計畫也要說三道四。

「你大概在五十多歲的時候把房貸還清，並在女兒大學畢業、六十五歲之前提早退休，趕緊拿到退休金後，就用這筆資金來創業！」諸如此類的干涉。

倘若你堅決不想讓鴨霸妻子決定自己的人生，就要在平時告訴她，「我想要這樣做」。但是，絕不能隨意吐出一些不切實際的夢想，比如「有朝一日在鄉下悠閒的生活，好像也不賴」。

一旦這樣講，隨即會被她接二連三的質問：「所謂的鄉下是在哪個縣市？搬遷的好處和收入來源呢？什麼時候搬？小孩的學校該怎麼打算？」為了避免被信長妻子打槍、控制人生，最重要的是提出一個明確的計畫和能印證夢想的數據。

如果你能充分的準備一些資料，來說服霸道妻子的話，想必她也會妥協，「好吧，那我也會支持你實現那個計畫！」並且成為比任何人都更有用的盟友。

\ 霸道者利用法 /

NG

向她抱怨：「妳不要多管閒事啦！」

OK

「今晚我會看完漫畫，洋芋片想當消夜吃，你先不要動。」

3 霸道兒子的使用說明書

就讀高中的信長兒子，十分沉浸在樂團活動之中，突然有一天他宣告：「我要放棄大學入學考試，成為一名音樂家！」導致原以為兒子會去讀大學的母親，著急得不知所措！

「當音樂家養得活自己嗎？還是去讀大學，未來才能有比較多選擇呀。」母親極力的試圖勸說。

但是，你讓他往東，他偏要往西，信長兒子只顧著挑母親的話柄，根本不聽她的話。不僅如此，還露出一副看不起父母、感覺自己是搖滾巨星的姿態……。

究竟要怎麼做，才能說服聽不進父母的話、叛逆的信長兒子呢？

錯誤做法

跟他說：「上大學，未來比較多選擇。」

即便他還只是個孩子，也不可輕忽鴨霸兒子強而有力的吐槽功夫。

對於孩子不讀大學的決定，就算你講出「未來不穩定」、「讀大學的話，未來會有更多的選擇」等籠統的陳腔濫調，但在鴨霸兒子的面前，這種欺騙小孩的話，可是起不了任何作用。可能還會反過來被他吐槽「你確定嗎」、「我聽不懂你在說什麼」，讓父母啞口無言，正是他想達到的目的。

倘若你草率的發表空泛的論調，反而會被強勢兒子識破自己的思想很膚淺，並被認定為「笨蛋父母」。

一旦被強勢兒子認定為笨蛋父母，將會一輩子被看不起、不受尊敬。

正確解答　激勵兒子的關鍵詞：「做得好！」

如果你真的想說服霸道兒子的話，首先要對他說「做得好！」給予充分的肯定，或是「咦，好厲害啊！說得更具體一點吧。」**主動傾聽他的想法**，才是最佳的選擇。如此一來，信長兒子就會認定父母是支持自己的盟友，瞬間變得坦誠。

接下來，你可以試著對他說：「如果你一邊以音樂家為目標，一邊同時挑戰大學入學考試的話，豈不是更了不起嗎？」之類的話語，**在肯定對方意見的同時，提出一個門檻更高的挑戰**。對於爭強好勝、不願認輸的信長兒子來說，他的自尊心不允許自己拒絕更艱難的挑戰。倘若是以迎接挑戰的方式來誘導，想必信長兒子也會主動接受父母的提案。

完美攻略

提供對他來說有用的情報

在信長兒子還年幼的時候，我們很容易用「不要強詞奪理，好好聽父母的話！」這類激進言論，強迫他服從父母。

然而，這樣做反而會使霸道兒子認為：「嘖！本大爺的父母竟如此難以溝通，真是兩個笨蛋……。」因此，隨著年齡增長，他會變得越來越不聽父母的話。

如果你硬是將自己的觀點強加到他身上的話，他可能會理智線斷掉，喊著「吵死了！我要和你們斷絕親子關係！」並離家出走。最壞的情況下，甚至可能再也不會回來了。

想要不強迫信長兒子，又能成功馴服他的最佳方法，就是撒下引導他的誘餌。例如，假設他想要成為一名音樂家，你可以告訴他，「音樂家在不同類別體系下的收入排名」、「牛津大學先前公布，預估未來將會消失的職業列表前十名中，音樂家也被列入其中」等諸如此類的情報。

只要你能若無其事的透露出信長兒子所感興趣的具體情報，他便會回答你「是喔！」接著順其自然的傾聽父母的意見。

既然你試圖強行改變信長兒子的意見也失敗的話，不如提出對他本人有用的情報，反而會讓他另眼相看、孝順父母。

霸道者利用法

NG

「當音樂家養得活自己嗎？上大學的話才比較多選擇。」

OK

「一邊以音樂家為目標，一邊考大學的話，不是更了不起嗎？」

4 婆婆的心願很簡單，三十分鐘內就可以搞定

婆婆寄來了一件包裹，裡頭是婆婆居住地產的高級哈密瓜。

熱情好客的婆婆，偶爾會一時興起，送來當地的時令水果和點心，「雖然她也是一番好意，但是反而徒增麻煩了……而且這哈密瓜看起來也很貴，必須給婆婆一件像樣的回禮才行。」

媳婦考慮到這一點，為了購買婆婆最喜愛的高檔饅頭，還千里迢迢跑去距離很遠的一間名店。

除此之外，為了應付相當講究禮儀的婆婆，她還寫了一封非常禮貌的感謝信，隔天一早便連同回禮一起寄給婆婆。

不過那天晚上電話就來了，媳婦才剛接起，婆婆的語氣聽起來就相當不悅，「光子，妳有收到那個了嗎？不知道是否有確實送達呢？」「是的，我收到了。婆婆，非常感謝您送來如此貴重的禮物！今早我也馬上用快遞寄了一份回禮，預計明天會送達！是婆婆最喜歡的饅頭，還請您盡情享用。」

結果，信長婆婆卻喀嚓一聲掛斷了電話！

媳婦明明為信長婆婆費盡心思送上回禮，並將此事告知給她了，為何信長婆婆還會大發雷霆？

錯誤做法

沒在當天、立刻謝謝信長婆婆

霸道婆婆之所以對媳婦勃然大怒，是因為媳婦沒有在當天打電話答謝。性子急躁的信長婆婆，倘若沒有在當天，收到媳婦對自己的感謝之詞的話，便會立刻大發雷霆。再加上，氣急敗壞的信長婆婆，對媳婦急忙表示回禮的態度更加惱火，一氣之下就掛了電話。

不論媳婦送給婆婆多少她最喜愛的饅頭和感謝信，**只要不是在收到禮物的當天回禮，都是在放馬後炮**。

今後強勢婆婆對媳婦的攻擊，應該會變得更加嚴厲了。

正確解答

收到禮物的三十分鐘內，立刻回電

信長婆婆之所以會送禮物，是因為她慷慨大方、喜愛照顧人。這樣的信長婆婆所期望的，絕對不是一個單純的禮貌性回禮。

因此，在收到禮物的那一刻，應該立刻撥打一通電話表示感激之情，「婆婆，非常感謝您！剛才我收到哈密瓜了。它聞起來十分香甜，真是令人太開心了！晚點我會和全家人一起享用這美味的哈密瓜喔。」倘若能在收到快遞的三十分鐘內做到這一點的話，鐵定會讓信長婆婆鳳心大悅。

毫無疑問，這樣做之後，信長婆婆將來一定會對待媳婦，像對待自己的親生女兒般疼愛，並在許多方面全力支援她。

完美攻略

信長婆婆強行款待的危機，就用打包帶回家化解

當妳來到霸道婆婆家、受到款待的時候，慷慨大方的霸道婆婆準備了一桌豐盛的宴席，並強行塞給妳：「年輕人多吃一點啊。」不論妳是帶著痛苦的表情吃完這頓飯，還是留下吃不完的剩菜剩飯，都會被婆婆酸幾句：「哼，不合某人的胃口，真是不好意思啊。」

為了避免這種情況，妳可以試著問婆婆：「這些菜餚實在太美味了，我可以帶回家吃嗎？」這也是一種尊重婆婆盛情厚意的好方法。

霸道者利用法

OK	NG
收到禮物的當下打電話答謝。	準備好回禮，隔天才打電話致謝。

PART 4

朋友、戀人、鄰居的高壓，讓我喘不過氣

在第四章，將依序介紹對朋友、戀人、媽媽群組、鄰居等，潛藏在我們身旁交友圈中，各種信長的攻略法。

別小看高壓型戀人、朋友、媽媽群組

跟職場和家庭中的信長一樣，在日常交友關係中，無關乎年齡及性別，男女老幼中都會有人是鴨霸信長。

「同學就是信長」、「我的青梅竹馬就是霸道者」、「沒想到自己的戀人會是信長」，諸如此類，在閱讀過第一章之後，有些人可能已經發現，身邊極為親近的人，其實就是信長這種類型。

除了朋友和戀人以外，包括擁有共同興趣的社團同伴、媽媽群組、同社區或同棟大樓的鄰居等，無關階級地位的交友關係，也會在信長氣質的作用下，出現他們試圖支配他人或多管閒事的狀況。

「朋友不斷向我炫耀，實在很煩……。」、「不知道為什麼，總是被戀人牽著鼻子走。」、「被媽媽群組排擠，真的好讓人難過。」、「鄰居有點囉嗦，感覺好麻煩。」這些人，都有可能是因為不小心按到了開啟黑信長那一面的開關！

第四章的內容，將透過信長朋友、信長男友、信長女友、信長媽媽、信長鄰居等五種事例，徹底解析如何使黑信長，轉換成白信長的具體技巧。

假如發現「新學期才剛開始，班上就出現了霸道者！」只要掌握以下的攻略法，你將無所畏懼！

1 當他挖苦你時，就裝傻吧！

名叫「小光」的光秀，和名叫「小信」的信長，兩人是同班的朋友。

放學後，小信冷靜的聆聽小光不斷傾訴煩惱，但是當小光說完之後，小信便直截了當的回答：「想要解決這些問題的話，小光就不能再這麼天真了啊。」

小光原本是想獲得一些安慰，沒想到卻反過來被小信教訓一頓，顯得更加沮喪了。但小信仍咄咄逼人的繼續說道：「我是為了小光好才這樣說的！」

原本只是想找人商量自己的煩惱，沒想到卻反過來被責備，結果小光丟下一句氣話就跑了，這突如其來的態度，惹得小信也火冒三丈！

明後天都還要在學校見面，這樣下去也太尷尬了……。

該怎麼做，兩個人才能和好如初呢？

錯誤做法

跟信長朋友鬧彆扭，很容易絕交

簡單來說，可別暗自對霸道朋友抱持「跟他聊聊我的煩惱，說不定能得到一些安慰」之類的期待。

對霸道朋友來說，煩惱等於是應該要解決的問題。為了解決問題，就算是朋友，他們也不會口下留情。他很可能會不加修飾的說出自己的真心話，或是毫不留情的猛戳朋友的痛處。

要是因為受不了這一點而跟他們吵起來，霸道朋友是絕對不會道歉的。假如雙方都鬧彆扭而陷入冷戰，很可能就無法恢復原本的情誼，甚至演變成絕交的局面。

正確解答

只要立刻道歉，就能和好如初

雖然被信長朋友說的話戳到痛處，但我們也該冷靜思考那些話背後的意圖。因為，擅長觀察的霸道者所說出的尖銳言詞，有時候最能切中你的問題點。

正因為信長並不討厭你，而且真心為你著想，才會願意承擔被你討厭的風險，給予你這些忠告。這也是具有膽識的信長，才能擁有的「被討厭的勇氣」。

要是跟信長朋友因此起了爭執，建議**盡快向對方道歉**：「或許正如你所說的，謝謝你願意直接說出來！抱歉對你發脾氣了。」只要願意坦率道歉，信長就會不計前嫌，進而恢復兩人原本的友誼。

完美攻略

當信長朋友挖苦你的時候，就裝傻吧

霸道者生性多疑，所以不是跟任何人都能成為朋友。

在社群網站上，這類人的好友數也不多，身為理性主義者的信長，甚至會想主動切割幫不上自己忙的朋友。對於將追蹤者數視為自我認同指標的人，他們也會暗自在心中蔑視：「這也太蠢了吧？」

不過，自帶霸王氣質的信長，看到有人在社群網站上自吹自擂「我很厲害吧」之類的發文，也多少會心生不悅：「這人太狂妄自大了吧！」即使沒什麼惡意，在社群網站上發些「我很棒吧！」以突顯自己過得有多充實的文章，也會刺激好強的信長朋友，將你視作挖苦的頭號目標。

「這傢伙未免也太囂張了，讓我挫挫他的銳氣！」即使是朋友，鴨霸信長也會徹底對你明褒暗貶。

假如想要跟信長朋友保持和平友好的關係，就要成熟的**暫時放下身段**，表現出「我實在鬥不過你」的模樣，**刻意不與強勢者作對**，就是最聰明的手段。

這麼一來，信長朋友終將成為你的強力後盾。

退一步海闊天空，「裝傻大絕招」能夠保你全身而退。

\ 霸道者利用法 /

NG

吵架後持續冷戰，最後絕交。

OK

吵架時馬上道歉：「謝謝你願意直接說出來！抱歉對你發脾氣了。」

2 無論多小的背叛都不可以，小心暴力男友

信長男友行事風格相當果決，絲毫不拖泥帶水。雖然他慷慨大方又具男子氣慨，但也十分霸氣外露，導致女友一直都不太敢說出自己的真心話……。

「下個月月初我們也要去露營，週末記得把時間空下來喔。」喜好戶外活動的信長男

友，只要一到假日，就會經常邀女友前往野外露營烤肉。但是，其實她最害怕昆蟲了，因此總是對野外活動興趣缺缺。

雖然勉強陪男友去，卻也因為擔心會有昆蟲跑出來，無法盡興的放鬆享受。

某一天，她正在確認週末的行程，卻忽然驚慌失措，因為她發現，原本打算去最喜歡的歌手的演唱會最終場，結果不小心跟男友約好的露營行程撞期了。

那位歌手難得舉辦演唱會，無論如何她都想去，可是，跟信長男友在一個月之前就約好，而且雙方都已經開始準備露營行程了。要她放鴿子，表明「我有其他更想去的行程，露營還是延期吧」，實在是讓她有點難以開口。

她該如何向信長男友表達自己的想法呢？

錯誤做法

找其他原因取消行程

對於直覺敏銳的霸道者來說，想要些小把戲蒙混過去，幾乎是不可能的事情。

假如女友找了其他原因取消原定的露營行程，偷偷去聽演唱會，最後一定會被觀察力敏銳的信長男友發現。

最厭惡遭受背叛的信長男友，當發現女友不惜向自己說謊，也要取消約會，就會認定她背叛了自己。最重視人情義理的信長，絕對不會就此原諒女友的背叛。

所謂愛有多深，恨就有多重，他絕不會考慮與這樣的女友結婚，甚至可能演變成出現暴力傾向、精神霸凌，或是兩人直接分手的結局。

無論多小的背叛都不容許，有信長男友的人要特別注意！

正確解答　當理由足以讓信長男友接受，他就會爽快答應

霸道男友經常讓人覺得「很難說出自己意見」，但其實恰恰相反，只要提出的理由能讓信長男友接受，他們也不至於強行刁難。

舉剛才的例子來說，女友只要坦承告知「其實我很怕昆蟲」，生性習慣照顧人的信長，就會徹底為她做好野外的驅蟲工作。假如發現行程不小心撞期了，只要說出理由，好好道歉：「對不起喔，我弄錯日期了，我實在很想去看演唱會，露營可以延到下週嗎？」信長男友應該就會爽快變更原有的計畫：「這樣啊，那我們下星期再去吧。」

即使他對演唱會沒什麼興趣，也會主動表示：「這次我沒辦法跟，妳就去聽吧。」只要給信長一個他能接受的理由，基本上都會爽快妥協。

完美攻略

說出你的目的、時間、地點，及想做的事

提到信長類型的男友，是不是給人一種自帶霸王氣場，對女友充滿掌控欲的形象？事實上，假如都交給信長男友安排約會行程，他也會覺得挺麻煩的。

雖然可能忽視女友不合理，或太過自我中心的提議，但只要**提出目的、時間、地點、想做的事**等明確的四點，信長其實十分樂於配合。

「我喜歡這個，所以想和你一起去這裡，做那些事情！」假如女友這樣提議，信長男友就會願意坦率聆聽你的意見：「這樣啊，我知道了！」由於他特別會照顧人，所以也願意付出努力，希望盡量實現心愛女友的願望。

再加上霸道者相當擅長計畫，執行力也非常強，通常會迅速擬定出具

體行程，能有效實現女友的提議。

不要太顧慮信長男友的想法，清楚說出自己的意見吧。

\ 霸道者利用法 /

NG

找了其他原因取消原定行程，偷偷參加其他活動。

OK

「對不起喔，我弄錯日期了，但我實在很想去看演唱會，露營可以延到下星期嗎？」

3

突然被封鎖？我哪裡惹到野蠻女友

我之前就好想來這家店！
我已經上網訂好位子了！
歡迎光臨！
給我們一份特製午茶套餐。
我一直好想吃這個！
menu
不好意思，午茶套餐限量十份，目前已售完……這點我們官網上也有提到。
太過分了吧，這是你們店的招牌耶！
那我點鬆餅就好。
從那之後就完全沒聯絡。
為什麼？
封鎖你！

光秀男友聽信長女友之前說過：「我想吃這家店最有名的特製午茶套餐。」於是就上網訂位。

約會當天，光秀不經意的將信長女友帶到那家咖啡廳。兩人坐下之後，光秀開口點了店內的招牌特製午茶套餐，卻看見店員面有難色的向他道歉：「不好意思，我們官網上有提到，午茶套餐一天限量十份，目前已經售完了……。」

「咦！那可是你們店的招牌耶，已經賣完了？」光秀忍不住驚訝的向店員抱怨。一旁的信長女友見狀，只是極為冷靜的表示：「那我要一份鬆餅就好了。」

隔天，光秀傳 LINE 給信長女友，卻發現自己好像被封鎖了！昨天的約會除了店內招牌完售之外，整體氣氛應該還不錯啊。

光秀到底是哪裡惹得信長女友不開心了？

錯誤做法

只會把錯怪到別人身上

強勢女友之所以封鎖男友，是因為他上網預約的時候，沒看清楚午茶套餐一天限量十份，還把錯都怪到店家頭上，表現出「自己完全沒有錯」的態度。

霸道者會打從心裡鄙視將自己的失敗原因，歸咎在別人身上的狡猾傢伙。即使原本再怎麼愛那個人，當看到他把錯誤推到別人身上、不負責任的模樣，就算是百年一遇的戀情，也會瞬間冷卻。

她會將那個人蓋上「這傢伙沒救了」的烙印，並且認為再繼續交往下去，也只是浪費時間，會毫不留情的切斷兩人之間的關係。

正確解答 只要懂得自我反省，她就不會放在心上

責任感特別強的信長，就算自己犯錯，也不會怪到別人頭上。他們認為無論是自己或他人，都應該將失敗當作經驗，努力避免發生同樣的事。

假如光秀男友當時不責怪店家，並向霸道女友表示：「是我在訂位時沒確認好官網寫的內容。妳明明那麼期待，抱歉讓妳失望了。下次訂位時我會看仔細，也會先向店家確認。」這麼做，反而會讓她覺得「這傢伙還不錯嘛」，因此對男友刮目相看。

假如在霸道者面前犯了什麼錯，請別忘了確實表達這三點：

1. 正確理解原因。
2. 反省自身過錯。

3. 為了不再犯同樣的錯誤，今後自己會怎麼做。

完美攻略

和她一起擬定計畫

信長女友在與戀人分手時，就會立刻跟對方切得一乾二淨，且不再主動聯絡。只要分手了，信長女友對前男友，也不會有太多情感上的執著，她不會特別留下兩人的照片，或是充滿回憶的物品，通常會乾脆的全部處理掉。

分手的相關糾紛和麻煩似乎與她們無緣，但也正因如此，一旦分手了，即使兩人還有想繼續的念頭，也很難真正復合。

與信長女友相處融洽的重要訣竅，在於兩人擁有同樣的目標，以及為求達成目標，一同擬定相關計畫。

「我們週末一起去烤肉吧？來想想要買些什麼食材。」、「今年夏天一起去夏威夷吧，我們來一起想旅行計畫。」應該像這樣，提議兩人能朝向共同目標一起努力的行程。

信長類型的人只要有了目標，就能將目標化為動力，朝著達成的方向不斷前進。

倘若你感到兩人之間的關係有些一成不變，光是設計能一起達成的目標，就能活化雙方的戀愛關係。

在信長女友面前，坦承自己的過錯才是明智之舉。

\ 霸道者利用法 /

OK	NG
「是我沒確認好，下次我會仔細看。」	「那是你們店裡的招牌耶！已經賣完了？」

4 學校家長群裡的大頭目，請保持距離

家長群組裡的媽媽們齊聚一堂，要幫忙籌劃學校即將舉辦的活動。在忙碌工作間的一小時空檔，眾人一起到附近的家庭餐廳用餐。

才剛進店裡，信長媽媽就開口詢問店員出餐速度最快的料理，之後馬上點了今日午間套餐。家康媽媽也配合急性子的信長媽媽，連忙跟店員點了同樣的料理。

不過，秀吉媽媽跟光秀媽媽則興奮的討論著該點焗烤、燉漢堡排還是西班牙燉飯，似乎盡是些耗時費工的料理。

於是，信長媽媽終於沉不住氣，一聲令下：「沒有時間了，點速度最快的午間套餐就可以了吧？」無可奈何之下，每個人只好點了一模一樣的料理……。

關係到孩子的教育環境，要是隨便反對信長媽媽的意見的話，有可能會被視作眼中釘。究竟該怎麼做，才能輕鬆迴避來自信長媽媽的高壓攻擊呢？

錯誤做法　當面抱怨、批評

只要在媽媽群中出現一位強勢媽媽，就絕不可能保持和樂融融的悠閒氣氛。因為信長媽媽，必定試圖以「媽媽頭目」的身分支配其他人。其他媽媽們跟隨在全力包辦所有事務的信長媽媽身旁，就會像手下一樣被下達各種命令。假如當面向信長媽媽提出抱怨或批評，信長媽媽立刻就會將你認定為「媽媽公敵」，列為首要的攻擊目標！

信長媽媽的支配力極強，因此被盯上的人處境會十分艱難，甚至被逼迫到孤立無援的地步。

正確解答

對信長媽媽拍馬屁：「真是多虧你！」

對於不分輕重緩急，只想著要點耗時費工料理的媽媽們來說，擁有被討厭的勇氣，並率先發言的強勢媽媽，確實是團體中不可或缺的存在。**在不具上下關係的媽媽群中，只有霸道型媽媽能統率其他媽媽們**。

霸道型媽媽會充分發揮領導者的角色，所以只需要適時拍拍馬屁：「真是託了信長媽媽的福，才能這麼快完成，實在太感謝妳了！」對方聽了也會為了回應妳的讚賞，努力發揮她的領導能力。

因此，為了有效凝聚媽媽團體的向心力，不妨偶爾拍拍強勢媽媽的馬屁，多說些好聽的話吧。

完美攻略

向信長媽媽提出正面的意見！

「我有點害怕站在領導者地位的信長媽媽，不太敢講出自己的意見……。」或許這是不少媽媽的心聲。

向強勢媽媽提出意見時，重點在於絕對不能否定對方；相反的，她們最歡迎能夠錦上添花的正面意見了。

舉剛才的例子來說，假如想在有限的午餐時間，吃自己喜歡的料理，就可以試著提議：「去餐廳還要等出餐，太浪費時間了，我們就在家裡吃吧，要不要先預約外送？」

這麼一來，最樂於節省時間的信長媽媽，就會愉快的贊同妳的意見。又或者是，在信長媽媽擅自分配工作之前，可以主動提議：「為了平均分配工作，要不要大家一起討論看看？」

信長媽媽看起來雖然屬於高壓類型，但也絕不是只會堅持己見、驕縱任性的人。令人驚訝的是，當聽到能解決問題的正面意見時，她們也會願意積極檢討改善。

霸道者利用法

NG

正面反對信長媽媽的意見。

OK

「真是託了你的福！」、「去餐廳還要等，我們就在家裡吃吧，要不要先預約外送？」

5 別氣鄰居的愛管閒事，先讚美他的熱心服務

有位擔任大樓管理委員的信長鄰居，每次一碰到面，都會向住戶抱怨不休：「你們家的盆栽啊，葉子都飛到我家陽臺上了，打掃起來很麻煩耶！」、「竟然有狗在電梯裡小便，實在是太臭了，拜託飼主趕快去處理！」、「垃圾間那邊有人沒把寶特瓶分

類就亂丟，到底是誰？拜託遵守一下規定好不好！」

在開管委會時，信長鄰居也以管理公司業務都招架不住的氣勢，不斷發牢騷：「大廳的電燈已經壞三天了，為什麼不馬上換新的？暗到看不清楚很危險，也容易造成保安問題吧！我們住戶每個月都付那麼多管理費了耶！」在牢騷的最後，信長鄰居總是會一臉理所當然的向對方放話：「我說啊，這些都是常識吧！」

要怎麼樣才能跟這麼愛發牢騷的信長鄰居和平相處呢？

錯誤做法 表現出事不關己的樣子

信長氣質的人特別重視禮節，所以只要有人出現違規行為，他們絕不會輕易罷休，想反駁他們的牢騷，幾乎是火上加油。

不過，要是心想：「都住同一棟大樓了，還是別自找麻煩吧……。」而表現出事不關己的模樣，反而會被霸道鄰居盯上，他會因此對你更加吹毛求疵，甚至演變成比現在更麻煩的狀況，或是沒事就會把你當作嫌疑犯，讓你明明是在自己家裡，卻還得膽戰心驚的過生活。

正確解答

「你真的非常用心」，向他表達敬意

信長鄰居之所以那麼嘮叨，不是因為他們心眼小，而是為了維護全體住戶的秩序。為了導正破壞秩序的違規者，即使自己必須扮黑臉，信長鄰居也會警告他們，這其實不是每個人都能做到的。

最重視常識、禮節和道義的霸道者，會認為遵守規矩是理所當然的常識。「您真的非常熱心呢，我很尊敬您。」只要這樣適時的向霸道鄰居表達敬意，就能立刻抓住他們的心，讓他們對你另眼相看。

完美攻略

跟信長鄰居打好關係，讓他成為你的靠山

要是與信長鄰居為敵，生活中可能會增添許多麻煩事，但只要能和他們打好關係，在與其他住戶發生糾紛時，信長鄰居會拍胸脯保證：「交給我處理！」成為你強而有力的靠山！

重點在於適時的拍拍信長鄰居的馬屁，並在日常相處上保持一定的距離。

\ 霸道者利用法 /

NG

「還是別找麻煩了……」，無視鄰居的牢騷。

OK

拍拍馬屁：「您真的非常熱心，我很尊敬您。」他會成為最值得依賴的靠山！

PART

5

當團隊裡有很多霸道者，怎麼化解

前面我們提到許多在職場、家庭、交友關係中應對信長的方法。我想各位對於攻略強勢者的訣竅，應該都掌握得差不多了。

在第五章，將會聚焦在信長、秀吉、光秀、家康這四種類型的氣質上，並且介紹不同類型應對信長的精華攻略。

信長氣質與各類型的契合度

「為什麼信長部長，總是對秀吉部屬特別好？」、「為什麼信長氣質的媽媽，在兄弟姊妹當中，就只對光秀氣質的我特別冷淡？」、「信長老師很信任家康類型的我，平時也很照顧我，不過老實說，我還是希望能稍微跟老師保持一點距離。」、「我跟朋友都屬於信長這種類型，所以挺合得來的。但不知道為什麼，有時就是會突然很煩躁。」

不合理的疏離感、厭惡感、煩躁感，以及不公平、焦慮、誤解等，許多人之所以會覺得和信長類型的人合不來，是由於各氣質類型與信長的契合度都有所不同，在了解契合度之後，有助於緩和這種不協調感。

特別是與信長契合度較差的類型，在掌握與周遭信長們的正確應對方法後，一定能有助於改善雙方之間的關係。

從下一頁開始，將依序以「信長和秀吉」、「信長和光秀」、「信長和家康」，以及「信長和信長」等分類，詳細解析彼此的契合度。

了解雙方的契合度傾向，就能明確掌握攻略信長的重點，請利用第四十二頁至第四十六頁的類型檢測表，確認一下自己的氣質類型，再透過接下來的內容，進一步了解四種類型的人攻略信長的方法吧。

1 這種主管遇到這種部屬，契合度破表！

信長與秀吉之間，契合度相當好。

從歷史的角度看來，信長從秀吉還是個身分低微的足輕頭（按：江戶時期統領步兵的人）時，就相當賞識他，且屢次提拔他擔任要職，而秀吉也比任何人都要忠誠，全力扮演好優秀家臣

的角色，最終甚至躍升關白（按：日本古代職官，主要輔佐天皇，實際上是朝廷的最高官職）之位。

習慣照顧人的信長類型，面對天真無邪、宛如小狗般全力撲向自己懷抱的秀吉類型，會本能的產生好感，覺得對方真可愛。

對於不太在意上下關係，個性比較隨興的秀吉類型來說，他們不像信長這麼重視所謂的第一，情感表現也十分豐富，因此動不動就會讚嘆：「信長真是太棒了！」就連多疑的信長，也會被秀吉這樣真情流露的讚賞給打動，更加照顧秀吉，關係變得越來越好。

只不過，由於秀吉類型的人不太拘泥於階級地位，有時可能會脫口而出：「信長實在太厲害了，不過光秀、家康也很棒！」聽到這樣的話，總要拿第一的信長，就會頓時感到不悅。

對於信長類型的人來說，屈居人後是難以容忍的一件事，因此即便有些前後不一，拍馬屁時還是得堅持：「信長是最優秀的！」

假如惹信長不開心，立刻道歉就對了

秀吉類型的人，情緒變化十分強烈，因此請留意，別因為一時衝動，就做出疑似背叛信長的言行，這可會惹得他們十分不開心。

自尊心比一般人強，不輕易跟他人道歉的信長，一旦心生不悅，就更不可能主動向別人低頭；相反的，對於不太在意上下關係的秀吉類型來說，要他們向別人道歉，根本算不上是什麼難事。

所以，假如發現自己好像惹信長生氣了，就要迅速反省自己做錯了什麼，就算不是自己的錯，也要立刻以最快的速度向信長道歉，並且發誓今後絕不會再重蹈覆轍，儘早讓信長的情緒平復下來。

不過，假如在職場上，秀吉類型的主管必須帶一位信長類型的部屬，信長部屬很有可能會看不起鬼點子多，卻缺乏計畫性的秀吉主管，進而不願意聽從指示。

面對信長類型的部屬，**無論再小的工作，都必須給他一個「領導」的職務**，這樣他們就會願意快速的把事情做好。

2 理論型的人和直覺型的人，怎麼相處？

遭信長冷落的光秀，發動了本能寺之變（按：織田信長於京都本能寺遭到家臣明智光秀叛變襲擊，最終葬身火海），企圖反叛信長，最終則以背叛者之名，迎向慘澹的末路。

不過，在四種武將類型當中，信長類型與光秀類型都散發

出一股成熟穩重的氣質，兩者都具備獨特的領導風範和威嚴。因此，信長類型的人，容易被誤認為光秀類型；而光秀類型的人，也經常被當作是信長類型。

但是，只要些微觀察，就可以明顯發現兩者之間的不同。意氣風發的信長，行事積極但美學意識偏低；畏縮怯懦的光秀，行事消極但美學意識較高。

信長重理論，光秀太感性

重理論和效率的信長，經常對光秀感性且飄飄然的敘事方式感到焦躁。無法理解光秀纖細優美世界觀的信長，看到光秀在社群網站上貼如詩句般的文章後，也會簡單念一句：「唅，看起來真煩人！」就匆匆滑過。

光秀類型與信長類型和平共處的訣竅，在於先**向對方具體表明時間、場所、目標、方法這幾項目標和結論**。

對美學意識甚高的光秀，可能常會對信長的美學意識之低，而感到無言以對：「再怎麼說這也太扯了吧！」所以，光秀類型的人，可能連說句表面話來稱讚對方都不願意，有時反而會偷偷在心裡藐視：「信長實在很老土！」

直覺精準的信長，可不會輕易忽視光秀輕蔑的目光和態度：「那傢伙，把本大爺當笨蛋是吧！」甚至就此視對方為仇敵。

光秀類型的人，若是想與信長類型的人和平共處，重點就在於無論信長看起來再怎麼老土，也要刻意想辦法稱讚他，對於喜歡聽到別人稱讚自己是第一名的信長來說，被美學意識甚高的光秀讚賞一句：「太棒了！」會更令他們開心。

3 怎麼做，才能獲得霸道主管的提拔？

同樣重視理論的信長類型，和家康類型之間，契合度還是不錯的。

只不過，面對攻擊性強且具侵略性的信長，家康會擺出防守姿態，在任何事上都會比較小心謹慎。

信長類型的人，總是會認為

「自己做得到的事，別人也做得到」，且抱持的信念是「為了達成目標，就應該努力挑戰自我極限」。另一方面，家康類型的人不會主動嘗試挑戰，要是突然遭到信長施壓，很可能就會嚇得不知該如何是好，或是直接選擇逃避。

假如部屬是家康類型，他們不會對上級的指示有任何抱怨或疑慮，他們會按照規定，中規中矩的完成任務，可以說是信長主管的得力助手。不過，家康類型的人通常只會依指示行動，也容易被信長視作「只是個從右邊移動到左邊的『複製貼上人』」。

面對喜好創新想法的信長，家康只要偶爾能**主動提出指示之外的相關提案**，就有可能大幅提高獲得提拔的機會。

4

大家都想爭第一，厲害主管這樣處理

正所謂物以類聚，同樣的氣質類型，比較容易理解彼此的行事風格，基本上契合度還是相當不錯。

信長類型夥伴具有高度的目標意識，計畫和執行力也十分超群，只要能擁有一個共同目標，他們就會為了達成目的攜手合

作，高效率的拿出最優秀的成果。

但可別忘了，信長類型的人都愛爭取「第一名」，儘管短期之內能夠相處，但要讓好幾位信長氣質的人，長期待在同一個部門或小組，還是有點困難。

「本大爺就是第一！」、「不，我才是第一！」假以時日，必定會爆發信長們爭奪首位的勢力鬥爭或激烈衝突，許多由信長類型經營者共同創業，最終因爭奪領導者地位而決裂的案例，也正是出自這個原因。

假如其他氣質類型的人，被捲入信長們的爭鬥當中，不論站在哪一邊，都會受到另一方信長的攻擊，演變成非常混亂的局面。

為了避免這樣的爭鬥發生，請盡量**將信長分配在不同團隊中，或是讓他們擔任不同小隊的領導者。**

5 平常霸氣十足的他，為何變消極？

無論是誰，都混合著信長、秀吉、光秀、家康這四種氣質類型。

在第四十二頁至第四十六頁的檢測表中，勾選最多的類別，就是測驗者的氣質代表。基本上，在信長欄位勾選越多的人，屬於信長的特質就會越明顯，不過也有例外。

舉例來說，某位測驗者打勾的部分，大都集中在信長欄位，其次是在光秀。當他狀況不太好的時候，偶爾就會表現出光秀的特質。

這麼一來，旁人就會產生某種不協調感：「這個人怎麼跟平常霸氣十足、意氣風發的樣子不太一樣，好像變得有點消極……他是怎麼了？」

信長綜合其他氣質類型的應對方法如下。

屬於信長類型，但秀吉氣質也很明顯的人，平常特別著重理論，行事也相當冷靜，但當遇到與自己的想法不符的狀況時，情緒方面就會偏向秀吉的特質，偶爾會突然發飆、大聲嚷嚷起來。

當信長綜合秀吉類型的人不高興時，安撫他最有效的方法，就是**立刻提供對他有利的報酬、人脈等顯而易見的好處**。他們聽到這類情報，心情馬上就會好轉許多。

屬於信長類型，但光秀氣質也很明顯的人，雖然擁有信長類型勇於挑戰的精神，但同時也會被光秀氣質中，害怕承擔風險的消極面所影響，導致行動力不足。

要讓信長綜合光秀類型的人動起來，就得主動表示自己理解他：「你複雜的心情，我都理解。」**適時投以慰勞的話語**，他就會願意付出努力。

屬於信長類型，但家康氣質也很明顯的人，屬於絕對的理性主義者，也相當擅長計畫，會一步步朝目標邁進。信長與家康都不會輕易被情緒牽著走，因此有時會果決的捨棄一些人事物，給人一種冷酷的印象。

不過，許多事情畢竟無法只靠自己的力量達成，即使信長擅長克服逆境，但慎重且消極的家康特質若是浮現，行動力就會大幅下降。

當信長綜合家康類型的人陷入消沉狀態時，不妨**試著賦予其重要職務**，他們會樂於更加成長而努力。

其他武將類型的人當中，也潛藏著小信長？

即使你不是信長類型，但勾選第二多的是信長特質的人也要留意，因為當你偶爾不自覺的切換到信長模式、臉上浮現霸道的神情時，可是會嚇壞周遭的人。

屬於秀吉類型，但也帶有信長氣質的人，平常在情感的表露上十分豐富，常把「大家都是自由平等的」掛在嘴邊，但一旦切換到信長模式，就會突然顯露出：「為什麼不聽我說的話！」這類強勢的一面。

屬於光秀類型，但也帶有信長氣質的人，平常行事比較低調，但只要切換成信長模式，就會突然出現表現欲，開始自吹自擂：「其實啊，我很厲害的……。」

屬於家康類型，但也帶有信長氣質的人，平時言行較為保守，但在切換成信長模式之後，可能會突然極具攻擊性：「你別鬧了行不行啊！」

諸如此類，氣質中潛藏著小信長的人，性格會突然大變，帶給周遭的人不少負面印象。因此在自己特別不高興的時候，請特別自我警惕：「我是不是又突然太鴨霸了？」

專欄

霸道者的利用說明書

霸道主管攻略法

★無論是多小的謊言，強勢主管都無法容許。

★面對強勢主管，當個老實人就對了。

★對強勢主管不太了解的事物，千萬不要賣弄知識。

★霸道主管比起實際品味，更欣賞高級品。

霸道同事攻略法

★與對方合作時，主動爭取自己最擅長的項目。

★不刻意否定信長的意見，而是提出優化方案。

霸道部屬攻略法

★避免以高高在上的姿態，對霸道部屬發號施令。

★為部屬訂下較困難的目標，反而會提升他的工作動力。

霸道客人攻略法

★當鴨霸客人光顧時，讓他握有主導權。

★詢問信長客人的使用目的，進一步貼近他的需求。

霸道丈夫攻略法

★面對強勢丈夫，商量比抱怨有效。

★對這類型的丈夫來說，理論比感情用事有效。

霸道妻子攻略法

★與霸道妻子爭論，百分之百沒有勝算。

★只要善用條件交涉，就能盡量避免霸道妻子愛管閒事。

霸道兒子攻略法

★一旦強迫兒子，就會被認定為笨蛋父母。

★針對強勢兒子的意見，要正面肯定他「做得好」。

霸道婆婆攻略法

★必須以最快的速度，向婆婆表達感謝之意。

★主動將婆婆招待的菜餚打包帶回家。

霸道朋友攻略法

★假如跟霸道朋友吵架了，記得立刻道歉。

★當強勢朋友挖苦你的時候，就暫且裝傻。

霸道男友攻略法

★信長男友無法容許任何背叛行為。

★不妨積極向強勢男友提出約會行程的建議。

霸道女友攻略法

★不在野蠻女友面前推卸責任。

★與野蠻女友擁有共同目標，就能相處融洽。

霸道媽媽攻略法

★別說出否定霸道媽媽的意見。

★強勢媽媽最歡迎能錦上添花的正面提議。

霸道鄰居攻略法

★無視鴨霸鄰居的牢騷，可是會被盯上。

★只要適時向鴨霸鄰居表達敬意，他就會成為最值得依賴的靠山。

後記

最可怕的敵人，就是你最好的靠山

「我實在是很不擅長應對信長氣質的人，但現在比較知道該怎麼做了。」、「只要讓黑信長變成白信長，他們也是很值得信任的類型。」、「只要掌握應對信長的方法，他們其實人都還不錯，也沒有到討人厭的地步啦！」

假如在閱讀本書的內容之後，能讓你對自己周遭強勢的人改觀，那將是我的榮幸！

過去各位會覺得霸道者難相處，單純只是因為掌握不到與他們相處的方法，但是，看完《霸道者的利用說明書》的各位，就不用煩惱這點了！只要掌握與信長的溝通方式，原本的厭惡感也會神奇的消失。

理解與尊重信長類型的人，對方也會同樣尊重你，你會實際感受到過去失衡的關係，正在逐漸變好。

沒錯，最可怕的敵人，將會成為你絕佳的夥伴！讓過去所畏懼的霸道者，全都成為你身旁最強的靠山。職權騷擾、精神霸凌、找麻煩……假如你周遭有人對霸道者的這些行為感到困擾，也請告訴他最適合的攻略法。

書中介紹的攻略技巧，例如主管的類型，也可以活用在學校老師或學長、學姐身上，應用範圍相當廣泛，請務必實際嘗試看看。

希望能藉由本書的內容，讓各位從惱人的人際關係中得到解放。

國家圖書館出版品預行編目（CIP）資料

霸道者的利用說明書：那高高在上的樣子令人火大，我卻孬到不敢抱怨？怎麼跟這些躲不掉的同事、親友、鄰居和平相處，拿回主導權？／井上由美著；林佑純譯. -- 初版. -- 臺北市：大是文化有限公司，2022.08
192 面；14.8×21 公分. --（Think；238）
譯自：オレ様信長のトリセツ
ISBN 978-626-7123-54-6（平裝）

1. CST：人際關係　2. CST：溝通技術

177.3　111007411

Think 238

霸道者的利用說明書

那高高在上的樣子令人火大，我卻孬到不敢抱怨？
怎麼跟這些躲不掉的同事、親友、鄰居和平相處，拿回主導權？

作　　者／井上由美
譯　　者／林佑純
責任編輯／林盈廷
美術編輯／林彥君
副 主 編／馬祥芬
副總編輯／顏惠君
總 編 輯／吳依瑋
發 行 人／徐仲秋
會計助理／李秀娟
會　　計／許鳳雪
版權專員／劉宗德
版權經理／郝麗珍
行銷企劃／徐千晴
業務助理／李秀蕙
業務專員／馬絮盈、留婉茹
業務經理／林裕安
總 經 理／陳絜吾

出 版 者／大是文化有限公司
臺北市 100 衡陽路 7 號 8 樓
編輯部電話：（02）23757911
購書相關資訊請洽：（02）23757911 分機 122
24 小時讀者服務傳真：（02）23756999
讀者服務E-mail：haom@ms28.hinet.net
郵政劃撥帳號 19983366　戶名／大是文化有限公司

法律顧問／永然聯合法律事務所
香港發行／豐達出版發行有限公司 Rich Publishing & Distribut Ltd
地址：香港柴灣永泰道 70 號柴灣工業城第 2 期 1805 室
Unit 1805, Ph. 2, Chai Wan Ind City, 70 Wing Tai Rd, Chai Wan, Hong Kong
電話：21726513　傳真：21724355
E-mail：cary@subseasy.com.hk

封面設計／陳皜
內頁排版／顏麟驊
印　　刷／鴻霖印刷傳媒股份有限公司

出版日期／2022 年 8 月初版
定　　價／新臺幣 340 元（缺頁或裝訂錯誤的書，請寄回更換）
I S B N／978-626-7123-54-6
電子書ISBN／9786267123522（PDF）
9786267123539（EPUB）